5
프시케를 시험하는 아프로디테

주니어RHK

신화의 가치

신화는 한 민족의 기원이나 역사적 · 종교적 · 문화적 삶의 모습을 보여 주는 옛이야기입니다. 주로 신과 영웅에 관한 이야기가 많고, 오랫동안 입에서 입으로 전해 내려왔다는 특징이 있지요.

우리가 살펴볼 그리스 로마 신화는 고대 그리스와 로마에 전해 오는 신화와 전설을 한데 묶은 것입니다. 그리스 로마 신화는 고대의 삶을 엿보게 해 주는 문화유산일 뿐만 아니라, 세계 여러 나라의 문학과 미술에 큰 영향을 끼쳤습니다. 하지만 문화적 가치만큼이나 중요한 것이 또 있습니다. 오래된 옛이야기이면서도 거기에 담긴 교훈적 가치가 오늘날에도 여전히 쓸모 있고 중요하다는 사실입니다.

놀랍지 않나요? 수천 년 전의 이야기가 어떻게 과학 문명이 고도로 발달한 오늘날에도 통하는 것일까요? 그것은 바로 그리스 로마 신화에 나오는 신과 영웅의 모습이 오늘날 우리의 모습과 다르지 않기 때문입니다. 신들도 우리처럼 분노하고, 질투하고, 실수를 하지요. 그런 모습을 보면서 우리는 깔깔 웃거나 눈물을 흘리고, 교훈과 감동을 얻습니다. 우리가 그리스 로마 신화를 읽어야 하는 까닭이 바로 이것입니다.

신화의 세계로 떠날 여러분에게 한마디 덧붙이자면, 신화는 우리에게 끝없는 상상력을 요구한다는 점입니다. 신화 속에는 수많은 은유와 상징이 곳곳에 널려 있지요. 따라서 신화를 읽을 때에는 상상력을 최대한 발휘하여 신화 속에 숨겨진 의미를 찾고, 그것을 자기 나름대로 재해석하는 과정이 필요합니다. 이렇게 읽었을 때에야 비로소 여러분 앞에 놀라운 삶의 이야기가 펼쳐질 것입니다.

자, 그럼 흥미진진한 신화의 세계 속으로 함께 떠나 볼까요?

약속을 어기고 에로스의 얼굴을 보고 만 프시케.

에로스는 크게 실망하여 떠나 버리고

프시케는 후회와 그리움을 안고 에로스를 찾아 나섭니다.

그런 프시케에게 아프로디테는 세 가지 시험을 치르도록 합니다.

과연 프시케는 시험을 무사히 통과할 수 있을까요?

주요 등장인물

⚜ 프시케 ⚜

어여쁜 외모로 사람들한테서 많은 사랑을 받아요.
하지만 그것 때문에 아프로디테 여신의 미움을 사지요.
괴물인 줄만 알았던 남편이 에로스인 것을 알고 기뻐하지만,
얼굴을 보지 않기로 한 약속을 깨뜨려 이별하게 돼요.

⚜ 에로스 ⚜

아프로디테의 아들로, 사랑의 신이에요.
신과 인간에게 화살을 쏘아
사랑이나 미움을 싹 트게 하는 능력이 있어요.
약속을 깬 프시케를 원망하며 떠나가지만
프시케를 잊지 못하고 괴로워해요.

⚜ 데메테르 ⚜

대지와 곡물, 농업의
여신으로, 인간들로부터
많은 존경을 받아요.
아프로디테의 노여움을 산
프시케를 불쌍히 여겨,
조언을 해 주고
도와주어요.

⚜ 아프로디테 ⚜

아름다움과 사랑의 여신으로,
올림포스의 여신들 가운데
가장 아름다운 여신으로 꼽혀요.
프시케를 시험하기 위해
인간의 힘으로는 하기 힘든
어려운 일을 시켜요.

1
외로움에 빠진 프시케

"비록 너를 여신의 저주에서 구할 수는 없지만,

여신의 분노를 가라앉힐 방법은 알려 줄 수 있단다."

"오, 데메테르 님, 정말인가요?"

프시케는 거친 숨을 내쉬며 높은 언덕에 있는 신전으로 *한달음에 달려갔습니다.

"어쩌면 내 사랑 에로스 님을 여기서 만나게 될지도 몰라."

프시케는 신전 문을 조심스럽게 열었습니다.

"저, 아무도 안 계세요? 혹시 에로스 님, 여기 계시나요?"

신전 안에는 프시케의 가녀린 목소리만 울려 퍼질 뿐, 아무 소리도 들리지 않았습니다.

'아, 누구라도 제발 대답해 주었으면…….'

프시케는 떨리는 가슴으로 신전 안에 발을 내디뎠습니다.

*한달음 중간에 쉬지 않고 한 번에 달려감.

그런데 신전 안에는 곡식 *낟가리들이 어지럽게 널려 있었습니다.

"어머나, 세상에! 이게 다 뭐지?"

밀과 보리 낟가리들이 단으로 묶여 있기도 하고, 아무렇게나 쌓여 있기도 했습니다. 그리고 갖가지 곡식들이 뒤섞여 아무렇게나 흩어져 있었습니다. 게다가 낫, 갈퀴 등 *추수할 때 쓰는 여러 농기구들이 여기저기에 함부로 팽개쳐져 있어서 지저분하기가 이를 데 없었습니다.

"도대체 누가 이렇게 신전을 어지럽혀 놓은 걸까?"

프시케는 신전 구석구석을 살피며 에로스를 찾아보았습니다. 하지만 에로스의 모습은 어디에도 보이지 않았습니다. 프시케는 온몸의 힘이 쭉 빠지는 것 같았습니다.

*낟가리 낟알이 붙은 곡식을 그대로 쌓은 더미.
*추수 가을에 익은 곡식을 거두어들임.

"아아, 이곳은 에로스 님의 신전이 아닌가 봐."

실망한 프시케는 깊은 한숨을 내쉬었습니다. 그러고는 천천히 주위를 둘러보았습니다. 그 어디에도 신전을 돌보는 손길이 느껴지지 않았습니다.

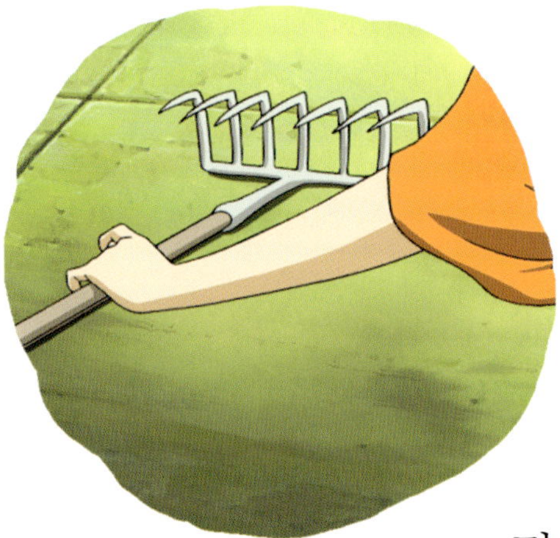

"비록 에로스 님은 없지만, 이 신전을 그냥 놔두고 갈 수는 없어. 내 손으로 치워야지."

프시케는 신전 안을 정성스럽게 치우기 시작했습니다. 먼저 바닥에 흩어져 있는 곡식들을 종류별로 모아 밀은 밀대로, 보리는 보리대로 단을 묶었습니다. 여기저기 흩어져 있는 농기구들도 한쪽에 차곡차곡 정리했습니다. 그런 다음, 오랫동안 너저분하게 *방치되어 있던 신전을 말끔히 청소했습니다.

*방치 내버려 둠.

'내가 경건한 마음으로 이곳을 치우면, 이곳의 신이 나에게 *자비를 베풀어 주실지도 몰라.'

프시케는 구슬땀을 흘리며 열심히 청소했습니다. 프시케가 정성을 다해 치우는 그 신전은 바로 대지와 농업의 여신 데메테르의 신전이었습니다. 데메테르는 흐뭇한 미소를 지으며 프시케를 내려다보고 있었습니다.

"휴, 구석구석 닦으니 이제 깨끗해졌네. 이곳의 신도 틀림없이

*자비 남을 깊이 사랑하고 가엾게 여김. 또는 그렇게 여겨서 베푸는 혜택.

좋아하실 거야."

그렇게 프시케의 손길이 닿자, 오랫동안 너저분하게 방치되어 있던 데메테르의 신전이 말끔해졌습니다.

신전을 다 치우고 나자 프시케는 마음이 기쁨으로 가득 차는 것을 느꼈습니다. 이마에 송송 맺힌 땀방울을 닦으며 잠시 앉아 쉬던 프시케는 어느새 신전 바닥에 누워 깜빡 잠이 들고 말았습니다.

그때였습니다. 신전 문이 열리면서 데메테르 여신이 나타났습니다. 데메테르는 잠든 프시케의 머리카락을 쓰다듬으며 말했습니다.

“오! 가엾은 프시케. 너는 참으로 착한 마음씨를 지녔구나!”

프시케는 깜짝 놀라 몸을 일으켜 세웠습니다.

"아, 당신은 누구신가요?"

"나는 데메테르 여신이란다. 너는 가엾게도 아프로디테 여신의 저주를 받았구나. 비록 너를 그 저주에서 구할 수는 없지만, 여신의 분노를 가라앉힐 방법은 알려 줄 수 있단다."

"오, 데메테르 님, 정말인가요? 정말로 제게 아프로디테 님의 화를 누그러뜨릴 방법을 일러 주시는 건가요?"

데메테르의 말을 들은 프시케는 에로스를 다시 만날지도 모른다는 희망에 가슴이 마구 뛰었습니다.

대지와 농업의 여신 데메테르

데메테르는 '대지의 어머니'라는 뜻으로, 곡물의 성장과 농업을 다스리는 여신이에요. 고대 그리스 인들은 한 해 농사가 잘 되려면 대지의 어머니 데메테르 여신에게 잘 보여야 한다고 생각했어요. 데메테르가 인간에게 농업이라는 커다란 은혜를 베풀어 주었다고 믿었기 때문이지요. 그래서 사람들은 데메테르를 다른 올림포스의 신들보다 더 오래전부터 섬겼어요.

"지금 즉시 아프로디테 여신의 신전을 찾아가 무릎을 꿇고 진정으로 그분을 너의 신으로 모실 거라고 맹세해라. 너의 아름다움이 아프로디테 여신으로부터 비롯된 것임을 고백하고, 겸손과 순종으로 여신께 용서를 빌면 된단다."

프시케는 그렇게만 하면 정말로 아프로디테의 화가 풀릴지 궁금했습니다.

데메테르가 따뜻한 미소를 지으며 프시케의 손을 잡았습니다.

"네가 진실로 용서를 구한다면 아프로디테도 너에 대한 노여움을 거두고 *은총을 베풀어 네 남편을 돌려줄 거란다."

*은총 높은 사람에게 받는 특별한 은혜와 사랑.

2
아프로디테와의 만남

아프로디테는 기다렸다는 듯

프시케를 향해 무섭게 소리를 질렀습니다.

"네가 감히 여기가 어디라고 찾아왔느냐!"

프시케는 아프로디테 앞에 무릎을 꿇고 용서를 빌었습니다.

프시케는 데메테르 여신의 말을 가슴 속에 새기고 아프로디테의 신전을 향해 떠났습니다.

"그래, 아프로디테 님을 찾아가 엎드려 용서를 비는 거야. 진심으로 잘못을 뉘우치고 용서를 구하면 에로스 님을 만나게 해 주실 거야. 데메테르 님, 정말 고맙습니다."

하지만 아프로디테의 신전이 점점 가까워질수록 프시케는 자신감을 잃었습니다. 아무리 생각해도 아프로디테의 분노가 쉽게 사그라질 것 같지 않았기 때문입니다.

'정말 아프로디테 님이 나를 용서해 주실까?'

프시케는 아프로디테 앞에서 어떤 말을 해야 여신이 노여움을 풀지 고민에 휩싸였습니다. 어느새 신전 앞에 다다른 프시케는 다시 한 번 마음을 *다잡고 신전 안으로 들어갔습니다.

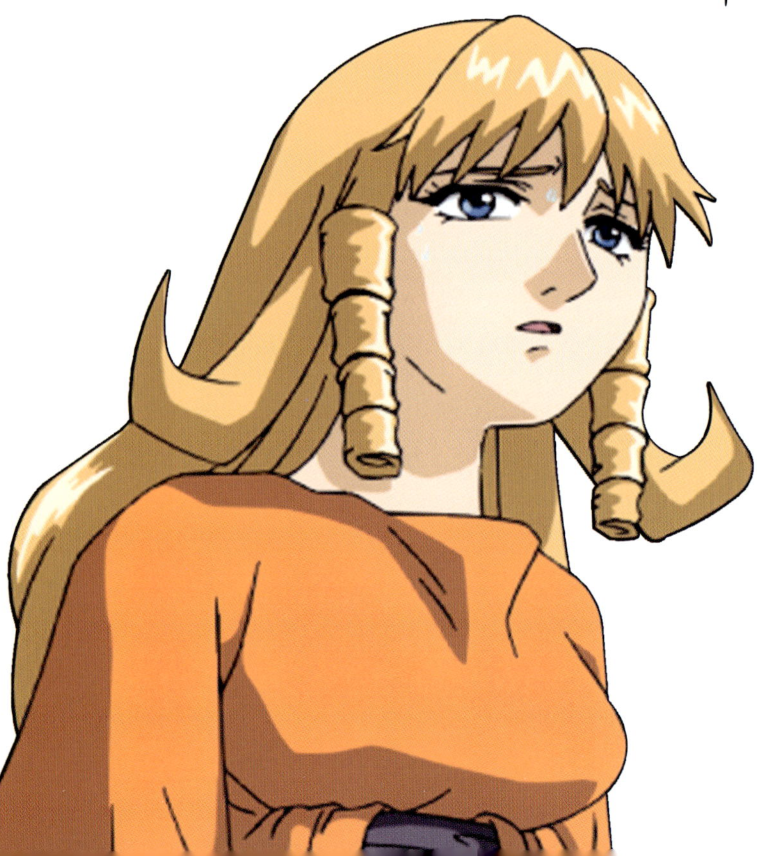

*다잡다 들뜨거나 어지러운 마음을 가라앉혀 바로잡다.

프시케가 신전 안으로 들어서자 아프로디테는 기다렸다는 듯 무섭게 소리를 질렀습니다.

"네가 감히 여기가 어디라고 찾아왔느냐!"

프시케는 아프로디테 앞에 무릎을 꿇고 용서를 빌었습니다.

"아프로디테 님, 하찮고 어리석은 저를 용서해 주세요. 저는 아프로디테 님을 주인으로 섬길 수만 있다면 무엇이든 하겠습니다."

프시케는 진심 어린 마음으로 용서를 구했습니다. 하지만 아프로디테는 여전히 화가 풀리지 않았습니다. 아프로디테는 차가운 목소리로 말했습니다.

"어리석은 프시케야, 이제 네가 섬겨야 할 주인이 누구인지를 깨달은 것이냐? 너는 신처럼 떠받들어져야 하는 존재가 아니라 주인을 섬기는 종에 불과하다. 그런데도 내 아들 에로스는 너 때문에 마음의 상처를 입고 몸져누워 있다. 설마 뻔뻔하게 에로스를 보러 온 것은 아니겠지?"

프시케는 자신 때문에 에로스가 마음의 상처를 입고 괴로워한다는 말을 듣고 가슴이 찢어질 듯 아팠습니다.

"아프로디테 님! 제발 저를 용서하시고 에로스 님을 만날 수 있게 해 주세요."

프시케가 눈물을 흘리며 간절히 부탁하는데도 아프로디테는 들은 척도 하지 않았습니다. 오히려 더 불같이 화를 낼 뿐이었습니다.

"세상에 너처럼 믿음 없고 가벼운 아이가 또 어디 있겠느냐! 에로스가 나의 명령까지 어기면서 너와 결혼했건만, 너는 남편과의 약속을 *헌신짝 버리듯이 했다. 그러고선 이제 와서 나의 용서를 구하는 것이냐?"

"아, 아프로디테 님, 제가 큰 죄를 지었습니다. 무슨 벌을 내리시든지 달게 받겠습니다. 다만 제 남편인 에로스 님을 한 번만이라도 만나게 해 주세요."

"그래? 어떤 벌이라도 받겠단 말이지? 그렇다면 네 소원대로 해 주지!"

*헌신짝 값어치가 없어 버려도 아깝지 아니한 것을 비유적으로 이르는 말.

아프로디테 앞에 엎드린 프시케

〈아프로디테 옥좌 아래의 프시케〉 에드워드 매슈 헤일

프시케는 에로스를 만나려고 아프로디테의 신전까지 찾아갔어요. 근엄한 얼굴로 프시케를 내려다보는 아프로디테의 모습이 무척 거만하게 느껴지지요. 그 아래 고개를 푹 숙이고 잘못을 비는 프시케는 안쓰러움을 자아내요.

3
첫 번째 시험

"자, 이제 네가 용서 받을 수 있는 길은
내 명령에 따라 부지런히 일하는 것뿐이다.
저녁이 되기 전까지 이곳에 쌓인 곡식들을
한 알도 남김없이 종류별로 가려 놓아라!"

아프로디테는 신전 안에 있는 창고로 프시케를 데리고 갔습니다. 창고 안에는 수많은 밀과 보리, 기장, 콩 등이 한데 뒤섞여 수북이 쌓여 있었습니다. 그것은 모두 아프로디테가 아끼는 비둘기들의 모이였습니다.

"자, 이제 네가 용서 받을 수 있는 길은 내 명령에 따라 부지런히 일하는 것뿐이다. 저녁이 되기 전까지 이곳에 쌓인 곡식들을 한 알도 남김없이 종류별로 가려 놓아라!"

아프로디테의 말에 프시케는 눈앞이 캄캄해져 아무 말도 못 하고 서 있었습니다.

프시케와 아프로디테의 비둘기

〈목욕하는 프시케〉 프레더릭 레이턴

목욕하는 프시케를 그린 그림이에요. 프시케가 목욕하는 곳 뒤쪽의 검은 커튼 주변에는 하얀 비둘기들이 있답니다. 비둘기는 아프로디테가 가장 아끼는 새로, 이 그림 속 비둘기는 프시케를 질투하는 아프로디테의 마음을 표현한 것이라고 볼 수 있어요.

"명심해라, 프시케! 이것은 네가 내 아들의 아내로서 자격이 있는지 시험해 보는 것이다. 한 치의 어김없이 내가 명한 대로 해야 할 것이다."

아프로디테는 이 말을 끝으로 자리를 떠났습니다.

혼자 남겨진 프시케는 산더미같이 쌓인 곡식들을 그저 멍하니 바라보았습니다.

"아, 무슨 수로 이 많은 곡식들을 종류별로 골라 놓지?"

프시케는 바닥에 털썩 주저앉았습니다. 곡식의 양이 워낙 많아 손을 댈 *엄두조차 나지 않았습니다.

*엄두 감히 무엇을 하려는 마음을 먹음. 또는 그 마음.

*눈시울 눈언저리의 속눈썹이 난 곳.

하지만 그대로 앉아 있을 수만은 없었습니다. 프시케는 에로스를 떠올리며 두 주먹을 불끈 쥐었습니다.

"에로스 님, 무슨 일이든 해내서 당신을 꼭 만나러 가겠어요!"

프시케는 곡식들을 한 톨씩 가리기 시작했습니다. 팔과 어깨가 뻐근하게 아프고 이마에 송글송글 땀이 맺혔습니다.

"좀 더 힘을 내자. 이 일만 해내면 아프로디테 님이 에로스 님을 만나게 해 주실 거야."

프시케는 부지런히 곡식을 가려냈습니다. 하지만 시간만 흐를 뿐 골라내야 할 곡식의 양은 줄지 않았습니다. 프시케는 아무리 부지런히 일해도 자신의 힘으로는 어림도 없다는 사실을 깨닫고는 *눈시울을 붉혔습니다.

"아아, 에로스 님! 당신을 영영 볼 수 없는 건가요?"

이때 멀리서 절망에 빠진 프시케의 모습을 지켜보는 이가 있었습니다.

그는 바로 프시케의 남편 에로스였습니다. 비록 프시케가 약속을 어기긴 했지만, 여전히 에로스는 프시케를 사랑하고 있었던 것입니다. 어머니의 말도 안 되는 명령을 따르는 프시케를 지켜보면서 에로스는 마음 한구석이 무너져 내리는 것만 같았습니다.

'어떻게 저런 말도 안 되는 일을……. 아무래도 안 되겠다. 내가 나서야겠어.'

에로스는 들판의 주인인 개미들을 불렀습니다. 그러자 대장 개미가 대군을 이끌고 나타났습니다.

"에로스 님, 부르셨습니까?"

"너희는 지금부터 어머니의 신전 창고로 가서 프시케를 도와주어라."

"예, 저희가 어떻게 도우면 될까요?"

"그곳에 가면 프시케가 혼자서 곡식들을 종류별로 골라 모으고 있을 것이다. 가여운 프시케가 하기에는

결코 쉽지 않은 일이지. 하지만 들판의 주인인 너희가 나서서 도와준다면 프시케는 그 일을 쉽게 마칠 수 있을 거야."

"걱정 마십시오. 곡식을 나르는 일이라면 저희가 최고죠!"

에로스의 명령을 받은 개미들은 재빠르게 움직였습니다.

신전의 모든 개미들이 대장 개미를 따라 여섯 개의 다리를 부지런히 움직이며 줄줄이 창고로 향했습니다. 창고에 도착한 개미들은 곡식을 한 톨씩 머리에 이고는 종류별로 골라 나르기 시작했습니다. 개미들의 몸이 하도 자그마해서 머리에 인 곡식만 보여, 멀리서 보면 마치 곡식 한 톨 한 톨이 스스로 움직이는 것처럼 보였습니다.

바닥에 주저앉아 눈물을 흘리던 프시케는 이 광경을 보고 깜짝 놀랐습니다.

수많은 개미들이 바쁘게 움직이며 곡식을 나른 덕분에 눈 깜짝 할 사이에 곡식들이 종류대로 산처럼 쌓여 가지런히 정리된 것입니다. 일을 마친 개미들을 향해 프시케는 환하게 미소를 지어 보였습니다.

"개미들아, 정말 고마워! 이 은혜는 잊지 않을게."

프시케는 일을 마치고 서둘러 창고 밖으로 사라지는 개미들에게 고마운 마음을 전했습니다.

개미들의 도움으로 첫 번째 일을 무사히 마친 프시케는 떨리는 마음으로 아프로디테가 오기만을 기다렸습니다.

"아프로디테 님이 시킨 일을 다 했으니 에로스 님을 만나게 해 주시겠지?"

프시케는 에로스를 곧 만날 수 있다는 생각에 가슴이 벅차올랐습니다.

드디어 저녁 무렵이 되었습니다.

신들의 잔치에 갔던 아프로디테가 돌아왔습니다. 아프로디테의 머리에는 장미 화관이 얹혀 있고 아름다운 드레스에서는 향기가 났습니다.

"후후, 아직도 쩔쩔매며 곡식들을 가르고 있겠지?"

아프로디테는 만족스런 미소를 지으며 창고를 향해 발걸음을 옮겼습니다. 그런데 창고로 들어선 순간 아프로디테의 얼굴이 굳어졌습니다. 예상했던 것과 달리 창고 안의 곡식들이 종류별로 잘 정리되어 있었기 때문입니다.

"이럴 수가! 이게 어떻게 된 일이지?"

"어어……. 아프로디테 님!"

프시케는 몸을 떨었습니다.

"못된 계집아이로구나! 이게 분명 네가 한 것이란 말이냐? 내 아들 에로스에게 도움을 청한 게 분명해. 그렇지?"

"아니에요. 그게 아니고……."

아프로디테는 프시케의 말은 들으려고도 하지 않았습니다.

"어디 두고 보자! 너도, 에로스도 결코 용서하지 않을 테다."

아프로디테는 프시케에게 저녁 식사로 딱딱한 빵 한 조각을 던져 주고는 나가 버렸습니다. 곡식을 말끔히 정리해 놓으면 에로스를 만날 줄로만 알았던 프시케는 또다시 깊은 *절망에 빠졌습니다. 에로스를 만나기까지 프시케가 가야 할 길은 아직도 한참 멀어 보였습니다.

*절망 바라볼 것이 없게 되어 모든 희망을 끊어 버림. 또는 그런 상태.

4
두 번째 시험

"저곳에 가면 양 떼가 양치기도 없이
풀을 뜯고 있을 것이다. 가서 보면 알겠지만, 그 양들은 모두
황금빛 털을 갖고 있지. 거기 있는 모든 양의 황금빛 털을
한 움큼씩 뽑아 오너라."

다음 날 아침, 아프로디테는 프시케를 불렀습니다. 프시케는 겁에 질려 감히 아프로디테를 쳐다보지도 못 했습니다.

"자, 저 강가에 길게 뻗어 있는 숲을 보아라."

프시케는 고개를 들어 아프로디테가 가리키는 곳을 바라보았습니다.

"저곳에 가면 양 떼가 양치기도 없이 풀을 뜯고 있을 것이다. 가서 보면 알겠지만, 그 양들은 모두 황금빛 털을 갖고 있지. 거기 있는 모든 양의 황금빛 털을 한 움큼씩 뽑아 오너라."

프시케는 고개를 끄덕이며 대답했습니다.

“네, 그렇게 하겠습니다.”

"하지만 명심해라. 이번에는 반드시 네 힘으로 해야 한다!"

프시케는 어떻게 해서든 아프로디테가 시킨 일을 꼭 해내리라 굳게 마음먹었습니다.

강으로 가는 길은 눈부신 아침 햇살로 반짝였습니다. 아프로디테의 말대로 강 건너편에는 황금빛 털이 난 양들이 조용히 풀을 뜯고 있었습니다.

"그래, 이번에는 기필코 내 힘으로 아프로디테 님의 명령을 완수하는 거야."

프시케는 황금빛 양 떼가 있는 곳으로 가기 위해 강물에 발을

담갔습니다. 그때 어디선가 낯선 소리가 들렸습니다. 마치 갈대들이 서로 부딪치며 내는 노랫소리 같았습니다. 프시케는 멈춰 서서 그 소리에 귀를 기울였습니다.

황금빛 털을 가진 양

황금빛 털을 가진 양은 바다의 신 포세이돈과 테오파네라는 아름다운 처녀 사이에서 태어났어요. 이 양은 인간의 말을 할 줄 알고 하늘을 나는 능력도 지니고 있었어요. 그리스의 영웅 이아손이 아르고 호를 타고 모험을 떠난 이유도 바로 이 황금빛 양털을 얻기 위한 것이었어요. 성미가 사나워서 함부로 접근했다가는 목숨을 잃을 수도 있었는데, 아프로디테는 그걸 알면서도 프시케에게 이 양의 털을 뽑아 오라는 일을 시킨 것이지요.

"가혹하고 모진 시험을 받고 있는 아름다운 아가씨, 내 노래를 들어 봐요."

프시케는 그 속삭이는 소리가 자신에게 하는 말임을 알고 깜짝 놀랐습니다. 주위를 둘러 보니 강 저편에서 무언가가 보이기 시작했습니다. 모습을 드러낸 것은 강의 신이었습니다. 강의 신은 프시케에게 황금빛 양털을 구하는 방법에 대해 일러 주었습니다.

"아름다운 프시케, 절대로 이 위험한 강을 건너지 말고, 풀을 뜯는 사나운 양 떼 속으로 들어가려고도 하지 말아요. 해가 떠오르면 황금빛 양 떼는 뜨거운 해의 기운을 받아 사나워진답니다. 하지만 한낮이 되고 양 떼가 그늘을 찾아 쉬면 사나움도 누그러질 거예요. 그때 강을 건너가 덤불이나 나뭇가지에 붙어 있는 황금빛 양털을 거두면 돼요."

프시케는 강의 신이 말한 대로 따르기로 했습니다. 그래서 강을 건너지 않고 바위 뒤에 숨어 한낮이 되기를 *초조하게 기다렸습니다.

어느덧 시간이 흐르고 풀을 뜯는 황금빛 양들의 머리 위로 태양이 내리쬐기 시작했습니다. 그러자 황금빛 양들은 시원한 나무 그늘 아래로 모여들었습니다.

"바로 지금이야. 어서 강을 건너야지."

양들이 움직이는 모습을 유심히 지켜보던 프시케는 이때다 싶어 조심조심 강을 건넜습니다.

*초조하다 애가 타서 마음이 조마조마하다.

강 건너편에 도착한 프시케는 덤불과 나뭇가지에 걸린 황금빛 양털을 빠짐없이 모아 소중하게 가슴에 품었습니다. 정성껏 모은 황금빛 양털이 햇살을 받으며 눈부시게 빛났습니다. 양털을 안고 있는 프시케의 얼굴에도 밝은 미소가 떠올랐습니다.

'이제 드디어 에로스 님을 만날 수 있게 됐어.'

5
세 번째 시험

아프로디테는 자기 앞에 놓인 상자를 가리키며

프시케에게 명령했습니다.

"이 상자를 가지고 지하 세계로 가거라!"

"네? 지하 세계라고요?"

황금빛 양털을 한 아름 안고 신전으로 돌아온 프시케는 아프로디테 여신에게 양털을 바쳤습니다.

"나의 여신, 아프로디테 님. 당신의 명령에 따라 황금빛 양털을 가져왔습니다."

하지만 아프로디테는 프시케가 가져온 황금빛 양털을 보고 차가운 말투로 꾸지람을 늘어놓았습니다.

"이번에도 내가 시킨 일을 해내기는 했지만, 그것이 너의 힘으로 한 것이 아님을 내가 모를 것 같으냐? 이것 역시 강의 신의 도움을 받아 한 것이 아니냐!"

프시케는 아프로디테의 말에 어떤 *변명도 할 수 없었습니다.

아프로디테는 싸늘한 표정으로 프시케를 바라보며 말했습니다.

"나는 네가 시킨 일을 열심히 했다는 것을 도저히 믿을 수가 없구나. 이제 너에게 마지막 명령을 내리겠다."

프시케는 아프로디테의 말에 고개를 숙이고 *비장한 얼굴로 대답했습니다.

"이번에는 반드시 제 힘으로 여신님의 명령을 따르겠습니다."

"그래? 그렇다면 나도 약속하마. 네가 이 마지막 일을 해내면 에로스를 만나게 해 주지. 하지만 만약 실패한다면 다시는 네 남편을 만날 수 없을 것이다."

아프로디테는 자기 앞에 놓인 상자를 가리키며 프시케에게 명령했습니다.

에레보스

에레보스는 본디 '어둠', '암흑'을 뜻하는 어둠의 신이에요. 태초의 우주인 카오스의 자식이며, 밤의 여신 닉스와의 사이에서 에로스를 낳았다고도 전해져요. 원래는 신을 일컫는 말이었지만, 시간이 흐르면서 죽은 자들이 사는 곳을 뜻하는 말로 바뀌었어요. 하데스가 지하 세계를 둘로 나눌 때, 하나는 죽은 자들이 지나는 곳 에레보스로, 다른 하나는 괴물을 가두는 영원한 지옥 타르타로스로 나누었다고 해요.

*변명 어떤 잘못이나 실수에 대하여 구실을 대며 그 까닭을 말함.
*비장하다 슬픈 감정을 억눌러 씩씩하고 장하다.

"이 상자를 가지고 지하 세계 에레보스로 가거라!"

"예? 에레보스라고요?"

프시케는 심장이 멎는 것만 같았습니다.

"그래. 그곳에 가서 페르세포네에게 이 상자를 건네주고 이렇게 전해라. '나의 주인인 아프로디테 님이 당신의 아름다움을 조금 나누어 받기를 원합니다. 아파서 누워 있는 아들을 간호하느라 조금 야위었기 때문입니다.'라고 말이다. 나는 오늘밤 그것으로 *치장을 하고 올림포스 신들의 만찬에 참석할 예정이니 서둘러 돌아와야 한다! 알겠느냐?"

"예, 명심하겠습니다."

프시케는 상자를 받아 들고는 신전 밖으로 나왔습니다. 프시케는 자신의 운명이 다되었다고 생각했습니다. 왜냐하면 지하 세계는 죽은 영혼들만 갈 수 있는 곳이기 때문입니다. 하지만 아프로디테의 마지막 명령을 거역할 수는 없었습니다.

"이 일을 하지 않으면 에로스 님을 다시는 만날 수 없어……."

프시케는 에로스를 떠올리며 눈물을 흘렸습니다.

"아, 이렇게 울고만 있을 순 없지. 시간이 얼마 남지 않았어. 서둘러야 해."

프시케는 기운을 내어 다시 일어섰습니다.

*치장 잘 매만져 곱게 꾸밈.

아프로디테의 시험을 치르는 프시케

〈프시케의 임무〉 존 로댐 스펜서 스탠호프

프시케는 아프로디테가 시킨 어려운 일들을 여러 존재의 도움을 받아 잘 이겨 냅니다. 아프로디테가 명령한 일들은 엄청난 노력과 희생이 따르는 까다롭고 어려운 것들이었어요. 그림 속에는 곡식 낟알을 정리하고, 황금빛 양털을 가져오는 어려운 일을 잘 수행하고 있는 프시케의 여러 모습이 담겨 있어요.

신화 OLYMPUS GUARDIAN 뒷이야기

에로스는 사랑의 신으로, 오늘날 여자와 남자 사이의 사랑을 일컫는 말이기도 합니다. 로마 신화에서는 '아모르' 또는 '큐피드'라는 이름으로 등장하지요. 오래된 전설에 따르면 에로스는 카오스(혼돈)의 아들이라고도 하고, 밤의 여신 닉스의 알에서 태어났다고도 전해집니다. 이처럼 에로스의 탄생에 얽힌 이야기는 여러 가지가 있지만, 그 가운데서도 사랑과 미의 여신 아프로디테의 아들이라는 설이 가장 널리 퍼져 있습니다.

사랑의 신 에로스는 신과 인간을 모두 다스리는 위대한 신의 위치에서 남자와 여자가 사랑으로 하나가 되어 새로운 생명을 탄생시키도록 이끄는 존재입니다. 그런데 이 이야기에서 흥미로운 점은 다른 이들을 사랑에 빠지게 하는 에로스가 처음으로 인간을 사랑하게 되었다는 점입니다. 비록 실수로 그렇게 되기는 했지만, 어쨌든 이름만 사랑의 신이었던 에로스가 드디어 자신도 불 같은 사랑의 열병에 걸린 것입니다.

아마도 에로스는 자신이 직접 사랑을 경험하기 전까지는 사랑이 주는 행복과 고통에 대해 알지 못했을 것입니다. 그래서 아무렇지 않게 화살을 쏘아 장난을 쳤던 것이겠지요. 하지만 프시케를 사랑하게 됨으로써 에로스는 사랑으로 인한 행복과 불행, 고통을 모두 경험하게 됩니다. 프시케와 떨어져 지내는 동안 에로스는 진정한 사랑을 다시금 깨닫고 어려움에 처한 프시케를 도와줍니다. 그리고 에로스는 프시케와 맺어지면서 참다운 사랑의 신으로 거듭나게 됩니다.

에로스와 프시케라는 말은 그리스 어로 '사랑과 영혼'이라는 의미입니다. 이것을 보면, 온전한 사랑이란 에로스의 '사랑'에 프시케의 깊은 '영혼'이 깃든 것임을 알 수 있습니다.

올림포스 신들의 계보

크로노스 + 레아
하데스
지하 세계의 왕
포세이돈
바다의 신
제우스
신들의 왕
헤라
신들의 여왕,
제우스의 아내
헤스티아
난로 · 불의 여신
데메테르
대지의 여신
아테나
지혜 · 전쟁의 여신
제우스 + 메티스
아폴론
의술 · 음악의 신
제우스 + 레토
아르테미스
사냥 · 순결의 여신
아스클레피오스
의술의 신
아레스
전쟁의 신
제우스 + 헤라
헤파이스토스
대장간의 신
제우스 + 디오네
아프로디테
헤파이스토스의 아내,
미의 여신
에로스
사랑의 신
헤르메스
신들의 전령,
상업의 신
제우스 + 마이아
디오니소스
술의 신
제우스 + 세멜레
페르세포네
하데스의 아내
지하 세계의 여왕
제우스 + 데메테르

⚜ 그리스 로마 신화 주요 인물의 이름 ⚜

그리스 어	로마 어	영어
가이아	텔루스	
니케	빅토리아	나이키, 빅토리
데메테르	케레스	세레스
디오니소스	바쿠스	바커스
레아	키벨레	시벨레
아레스	마르스	마스
아르테미스	디아나	다이애나
아테나	아테네, 미네르바	
아폴론	아폴로	아폴로
아프로디테	베누스	비너스
에로스	쿠피드, 아모르	큐피드
오디세우스	울릭세스	율리시스
우라노스	카일루스	유러너스
제우스	유피테르	주피터
크로노스	사투르누스	새턴
페르세포네	프로세르피나	
포세이돈	넵투누스	넵튠
하데스	플루톤	플루토
헤라	유노	주노
헤라클레스	헤르쿨레스	허큘리스
헤르메스	메르쿠리우스	머큐리
헤스티아	베스타	
헤파이스토스	불카누스	벌컨

그리스 로마 신화 올림포스 가디언 5
프시케를 시험하는 아프로디테

펴낸이 양원석
펴낸곳 ㈜알에이치코리아
등록 2004년 1월 15일 제2-3726호
주소 서울특별시 금천구 가산디지털2로 53, 20층 (한라시그마밸리)
문의전화 02)6443-8800

ISBN 978-89-255-4446-5(74800)
ISBN 978-89-255-4354-3(세트)

값 **12,800원**

원작 만화로 보는 그리스 로마 신화(가나출판사)
이광진 엮음, 홍은영 그림
명화 구입처 유로크레온㈜